Lizenzausgabe als Ravensburger Taschenbuch Band 8323

Titel der Originalausgabe: Grand, fort et sage, l'éléphant

Fachliche Beratung:

Beatrix Rau
Diplom-Biologin
Tierpark Hellabrunn, München

Redaktion der deutschen Ausgabe
und Übersetzung: Jürgen Witznick

91 92 5 4 3

Printed in Italy by Soc. Editoriale Libraria

ISBN 3-473-38323-6

Elefanten – Geliebte Dickhäuter

Text von Pierre Pfeffer
Illustriert von René Mettler

DIE WELT ENTDECKEN

Der Elefant ist das größte Landtier der Erde.

Ein ausgewachsener Elefantenbulle kann eine Höhe von vier Metern erreichen. Elefanten sind auch die schwersten Landtiere: Sie werden drei- bis viertausend Kilogramm schwer – das entspricht ungefähr dem Gewicht von 100 Kindern!
Trotz dieses gewaltigen Gewichts kann sich ein Elefant schnell und auch leise fortbewegen.
Mit seiner außerordentlichen Kraft und seiner Klugheit ist der Elefant der wahre König der Tiere.
Kein anderes Tier wagt diesen Koloß anzugreifen. Er selbst ist sehr friedfertig und greift nur an, wenn er gestört oder verletzt wird.
Elefanten leben in den heißen Regionen Afrikas und Asiens.

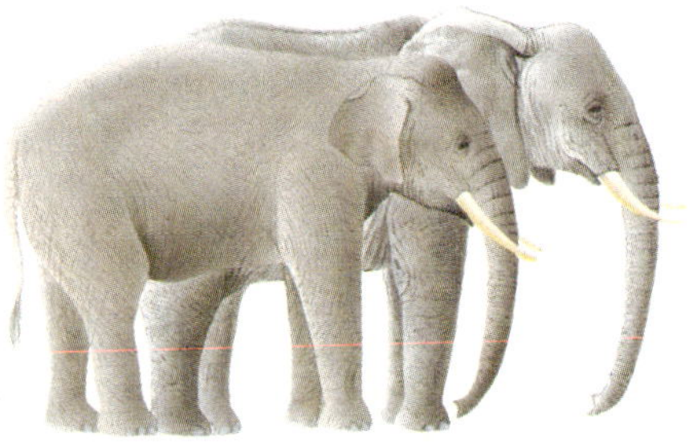

Es gibt zwei Elefantenarten. Der Afrikanische Elefant ist ein wenig größer als der Asiatische Elefant.

Das Moeritherium lebte einstmals etwa so wie heutzutage ein Flußpferd. Es hatte schon ein vergrößertes Schneidezahnpaar.

Die Vorfahren der Elefanten.
Das Moeritherium lebte vor sechzig Millionen Jahren in den Sumpfgebieten Nordafrikas. Die Nachfahren dieses Tieres hatten eine immer stattlichere Körpergröße, und nach und nach bildete sich aus Nase und Oberlippe ein Rüssel, mit dem die Tiere ihre Nahrung ergreifen konnten. Auch die oberen Schneidezähne wurden länger und waren als Stoßwaffe von Nutzen.

Das Mammut hatte riesige, eingedrehte Stoßzähne. Sein dichter Pelz schützte es vor der Kälte. Das Mammut ist seit Ende der Eiszeit ausgestorben.

Die Mastodonten hatten schon einen Rüssel; bei manchen bildeten sich schaufelartige Unterkieferstoßzähne.

Wozu sind die Stoßzähne da?

Zum Beispiel, um anzugreifen, um Wurzeln freizulegen und um im feuchten Sand nach Wasser zu graben. Auch Giraffen und Nashörner können an solchen neugeschaffenen Wasserstellen ihren Durst löschen. Elefanten benutzen vorwiegend den gleichen Stoßzahn – sie sind entweder „Links-“ oder „Rechtszähner“. Die Stoßzähne – das „Elfenbein“ – wachsen während des ganzen Elefantenlebens; sie können mehr als einhundert Kilogramm schwer und über drei Meter lang werden. Die Elefanten haben auch vier sehr große, flache Backenzähne, mit denen sie ihre Nahrung zermahlen. Die Backenzähne nutzen sich nach und nach ab und werden dann durch neue ersetzt – bis zu sechs Mal bekommt ein Elefant während seines Lebens neue Zähne.

Der Afrikanische Elefant hat besonders große Ohren.

Elefanten sind die meiste Zeit mit Fressen beschäftigt. Fast den ganzen Tag über sind sie auf Nahrungssuche unterwegs, und auch einen guten Teil der Nacht – denn sie schlafen kaum länger als vier Stunden! Tag für Tag verschlingt ein Elefant an die zweihundert Kilogramm Gras, Früchte, Wurzeln und Geäst. Manchmal drückt er sogar einen Baum um, um besser an die Äste heranzukommen. Er säuft auch sehr viel: 80 Liter Wasser am Tag – und nicht selten sogar noch weit mehr!

Beim Asiatischen Elefanten hat der Elefantenbulle viel längere Stoßzähne als die Elefantenkuh.

Elefanten sehen nicht alle gleich aus. Die Asiatischen Elefanten haben kleinere Ohren, eine gewölbtere Stirn und kürzere Stoßzähne als die Afrikanischen Elefanten. Sie leben im dichten tropischen Feuchtwald und finden sich nur selten zu großen Herden zusammen – wie das ihre afrikanischen Vettern tun.

Was ist zugleich Werkzeug, Hand, Pumpe, Schnorchel, Trompete und Nase?

Der Elefantenrüssel!
Er besteht aus Muskeln und ist innen hohl; an seinem Ende befinden sich lippenförmige Wülste, mit denen ein Elefant auch kleine Gegenstände – zum Beispiel eine Erbse – ergreifen kann. Kein anderes Tier verfügt über solch ein Hilfsmittel!
Ein Elefant atmet durch seinen Rüssel – beim Schwimmen stellt er ihn wie einen Schnorchel hoch.
In den Rüssel kann er Wasser einsaugen, das er dann entweder zum Trinken in sein Maul oder als Dusche über seinen Körper spritzt.
Er pflückt mit ihm Früchte und reißt Rinde von Baumstämmen ab.
Elefanten wittern mit ihrem Rüssel andere Tiere und können mit ihm so laut trompeten, daß man sie weithin hört.

Elefanten sind in der Tat Dickhäuter!
Ihre Haut ist zwar recht dick, aber auch sehr empfindlich: Die Dornen eines Gestrüpps spürt ein Elefant sehr schmerzhaft. Und Tsetsefliegen und Zecken können ihn arg piesacken, indem sie Blut aus seiner Haut saugen. Elefanten wälzen sich deshalb oft im Schlamm; wenn der Schlamm dann trocknet, bildet er eine Schutzschicht auf der Haut.

Mit ihrem Rüssel sprühen sie sich Staub auf die Haut – auch so schützen sie sich vor den kleinen Quälgeistern.

Eine Vogelart – der Madenhacker – läßt sich auf dem Elefantenrücken nieder und pickt die Schmarotzer von der Haut.

◀ Madenhacker bei der Arbeit

Elefanten leben oft in großen Herden.
Jede Elefantenherde ist eine große Familie und besteht aus untereinander verwandten Weibchen und deren Nachwuchs. Die klügste und erfahrenste Elefantenkuh führt die Herde an. Die ausgewachsenen Elefantenbullen – vor allem die älteren – leben meist allein oder zu zweit oder dritt.

In Afrika bleiben die Elefanten während der Trockenzeit in der Nähe der Wälder, wo sie immer genügend Wasser und grüne Pflanzen zum Fressen finden können. Wenn es dann endlich wieder regnet, kehren sie zu Hunderten in die Savanne zurück; dort beginnt jetzt das Gras wieder zu wachsen. Auf ihren großen, von dicker Haut geschützten Füßen können sie an einem Tag über fünfzig Kilometer zurücklegen.

Alarm!

Einer der Elefanten hat mit seinem Rüssel ein lautes Trompeten ertönen lassen. Die anderen hören sogleich auf zu fressen und bilden einen schützenden Kreis – die Kleinen werden in die Mitte genommen. Dann stürmt der Leitelefant mit abgewinkelten Ohren und eingerolltem Rüssel auf den Eindringling los.

Unter sich sind Elefanten recht verspielt:
Sie streicheln sich mit dem Rüssel und stoßen und balgen sich freundschaftlich.
Nur wenn es um die Rangordnung geht, kämpfen sie auch ernsthaft miteinander.

Ein Elefantenbaby ist zur Welt gekommen!

Es wiegt um die hundert Kilogramm, seine Haut ist von einem rötlichen Flaum bedeckt. Seine Mutter hat es zweiundzwanzig Monate in ihrem Leib getragen: fast zwei Jahre. Schon eine Stunde nach der Geburt kann der kleine Elefant stehen und wird von seiner Mutter sogleich gesäugt. Ihre beiden Zitzen befinden sich zwischen den Vorderbeinen. Die Mutter umsorgt ihr Junges und bewahrt es vor allen Gefahren. Sie hilft ihm über schwierige Wegstrecken, indem sie es mit ihrem Rüssel trägt; sie zeigt ihm, wie es seinen Rüssel benützen kann, und säugt ihr Kleines über ein Jahr lang.

Elefanten werden nicht uralt. Oft verhungern sie sogar schon im Alter von vierzig bis fünfzig Jahren: Ihre Backenzähne haben sich abgenutzt, und deshalb können sie nicht mehr genug fressen. Elefanten sind untereinander sehr hilfsbereit.

So richten sie etwa einen verletzten Gefährten mit ihren Rüsseln auf und stützen ihn dann mit ihren Körpern.
Das Jagen von Elefanten ist verboten.
Aber immer noch werden diese geschützten Tiere getötet: von Wilderern, wegen des Elfenbeins, und von Bauern, die verhindern wollen, daß ihre Felder verwüstet werden. Die größte Bedrohung für das Überleben der Elefanten geht jedoch von der Zerstörung ihres Lebensraumes aus. Es gibt Experten, die der Meinung sind, sie hätten nur als Arbeitselefanten auf Dauer eine echte Überlebenschance.

Kurz nach dem Fang werden die jungen Elefanten zwischen zwei eingewöhnte Arbeitselefanten genommen und so gebändigt.

Ein starker Helfer.

Schon vor sehr langer Zeit kamen die Menschen in Indien auf den Gedanken, sich die Kraft und Klugheit der Elefanten nutzbar zu machen und sie bei schweren Arbeiten als Helfer einzusetzen. Die Elefanten werden gefangen, wenn sie noch jung sind; die gelehrigen Tiere werden rasch zahm und folgsam.

Ein Elefant hebt einen Baumstamm mit seinem Rüssel an.

<u>In der Elefantenschule</u> lernt ein Elefant, auf bestimmte Worte seines Herrn – des Elefantenführers – zu hören und ihn auf seinem Rücken zu tragen. Nach und nach wird ihm beigebracht, immer schwerere Baumstämme zu transportieren. Wenn seine Ausbildung beendet ist, arbeitet er zum Beispiel in Wäldern; er kann aber auch in Sumpfgebieten eingesetzt werden, wo Bulldozer versinken würden.

Ein Elefant schafft Baumaterial herbei.

Zwei Freunde.

Jeder Elefant hat einen Herrn, den man Kornak oder Mahut nennt. Jeden Tag führt der Kornak seinen Elefanten an den Fluß, wo er ihn sorgfältig wäscht und abbürstet. Die Zähne reinigt er ihm mit einem Stück Kokosnußschale.

Elefanten haben ein erstaunliches Gedächtnis. Ein Elefant kann eine große Anzahl von Anweisungen behalten, die ihm sein Kornak gibt. Er erinnert sich auch lange an Menschen, die freundlich zu ihm waren, aber auch an solche, die ihm ein Leid zugefügt haben.

In Südostasien – vor allem in Indien – feiert man große Elefantenfeste.

Einst besaßen die dortigen Könige und Maharadschas eine stattliche Anzahl von Elefanten.
Und noch heute werden Elefanten zu den Festen auf die gleiche prunkvolle Weise geschmückt und in Umzügen vorgeführt.

Elefanten: verehrt und sagenumwoben.

In Indien verehrt man auch den Gott Ganesha – den „Beseitiger aller Hindernisse“. Er hat einen Elefantenkopf und verkörpert die Kraft und die Weisheit. Vor schwierigen Prüfungen beten manche Studenten zu ihm.

Hannibal und sein Elefantenheer.

Vor über zweitausend Jahren zog der Heerführer Hannibal aus Karthago (in Nordafrika) nach Europa. Von Frankreich aus überquerte er mit einer Herde Elefanten die Alpen und überraschte die feindlichen römischen Truppen durch seine riesigen Verbündeten.

In Kenia wird der riesenhafte Elefant Ahmed als Nationaldenkmal verehrt. Er steht ausgestopft im Museum von Nairobi.

„Elefantische“ Ausmaße.

Die größten Elefanten erreichen eine Körperhöhe von vier Metern.
Die längsten Stoßzähne sind drei Meter fünfzig lang.
Die schwersten Stoßzähne wiegen über einhundert Kilogramm.

Richtig oder falsch?

1. Elefanten fürchten sich vor Mäusen.
2. Ein Elefantenbaby saugt an seinem Rüssel.
3. Es gibt Elefantenfriedhöfe.
4. Aus den Haaren am Elefantenschwanz stellt man Armbänder her.

Dieser Elefant wühlt auf der Suche nach Wasser die Erde auf.

5. Afrikanische Elefanten kann man nicht zähmen.
6. Elefanten gehen manchmal einer hinter dem anderen und halten einander am Schwanz fest.
7. Man kann das Alter eines Elefanten an seinen Zähnen erkennen.
8. Ein Elefant kann mit einer Geschwindigkeit von 60 km/h rennen.

1. richtig; 2. richtig: wie ein kleines Kind am Daumen lutscht; 3. falsch: Dies hat man geglaubt, weil Elefanten oft in einem eng umgrenzten Gebiet – einem Sumpf – sterben. Dorthin hat sie aber die Not geführt: Zahnlos können sie nur noch die weichen Wasserpflanzen fressen, bevor sie schließlich verhungern. 4. richtig; 5. falsch: Aber sie sind viel schwerer zu zähmen als Asiatische Elefanten. 6. richtig; 7. richtig; 8. richtig: aber nur sehr kurze Zeit.

Wo dieses Tier war, führt eine breite Spur. Dennoch ist es gutmütig, es versteht Spaß. Es ist ein guter Freund, wie es ein guter Feind ist. Sehr groß und schwer, ist es doch auch sehr schnell. Sein Rüssel führt einem enormen Körper auch die kleinsten Speisen zu, auch Nüsse. Seine Ohren sind verstellbar: Er hört nur, was ihm paßt. Er wird auch sehr alt. Er ist gesellig, und dies nicht nur zu Elefanten. Überall ist er sowohl beliebt als auch gefürchtet. Eine gewisse Komik macht es möglich, daß er sogar verehrt werden kann.

Er hat eine dicke Haut, darin zerbrechen die Messer; aber sein Gemüt ist zart. Er kann traurig werden. Er kann zornig werden. Er tanzt gern. Er stirbt im Dickicht. Er liebt Kinder und andere kleine Tiere. Er ist grau und fällt nur durch seine Masse auf. Er ist nicht eßbar. Er kann gut arbeiten. Er trinkt gern und wird fröhlich. Er tut etwas für die Kunst: Er liefert Elfenbein.

Bertolt Brecht

aus: **Gesammelte Werke**

„Herrn K.s Lieblingstier“

Die Welt entdecken

In dieser Reihe sind bisher erschienen:

Band 1: Wie leben die Tiere im Winter?
Band 2: Keine Angst vor Krokodilen
Band 3: Sahara – Leben in der Wüste
Band 4: Eskimos – Leben im ewigen Eis
Band 5: Wo die Schokolade wächst
Band 6: Warum trinken alle Kinder Milch?
Band 7: Kartoffeln wachsen nicht im Keller
Band 8: Die Geschichte vom Papier
Band 9: Das Schwein und seine Verwandten
Band 10: Leben auf den Sonneninseln
Band 11: Glas – Das durchsichtige Geheimnis
Band 12: Reis – Ein kleines Korn ernährt die Welt
Band 13: Stolze Burgen, edle Ritter
Band 14: Bäume im Jahreslauf
Band 15: Geheimnisvolle Insektenstaaten
Band 16: Wind und Wetter
Band 17: Unser täglich Brot
Band 18: Bären – Die unsanften Riesen
Band 19: Auf der Spur der Indianer
Band 20: So leben die Affen
Band 21: Sanfte Kühe – Wilde Stiere
Band 22: Feuerwehren im Einsatz
Band 23: Elefanten – Geliebte Dickhäuter
Band 24: Vögel im Nest
Band 25: Die Sonne – Quelle unseres Lebens
Band 26: Wale – Die letzten Riesen der Meere
Band 27: Nach Westen! – Cowboys, Trapper, Pioniere
Band 28: Indien – Land voller Geheimnisse
Band 29: Wie lebten die Römer?
Band 30: Quomodo vivebant Romani?